REVISTA DE PASSATEMPO

CASTELO EDITORA

ATIVA MENTE

Esta edição é uma produção da Castelo Editora com a co-produção da Ativamente.

Castelo Editora é uma marca Fantasia da RM Editora e Distribuidora Ltda.
Rua Prof Marcondes Domingues, 320
Parada Inglesa
São Paulo SP - Cep 02245-010
(11) 2548-2314
www.editoracastelo.com.br

Ativamente é selo exclusivo da Ciranda Cultural Editora e Distribuidora Ltda.

© 2020 Ciranda Cultural Editora e Distribuidora Ltda.
Produção: Castelo Editora

1ª Edição
www.cirandacultural.com.br
Todos os direitos reservados.
Nenhuma parte desta publicação pode ser reproduzida, arquivada em sistema de busca ou transmitida por qualquer meio, seja ele eletrônico, fotocópia, gravação ou outros, sem prévia autorização do detentor dos direitos, e não pode circular encadernada ou encapada de maneira distinta daquela em que foi publicada, ou sem que as mesmas condições sejam impostas aos compradores subsequentes..

EDITORIAL

Com imensa alegria comemoramos cada nova edição lançada. Graças a você, a Castelo Editora tem sido um sucesso. Foram as inúmeras críticas, elogios e sugestões enviadas que fizeram uma revista melhor.
A revista de passatempo Laser reúne toda diversão que você merece.
São jogos de qualidade, dos tradicionais aos inéditos, que são desenvolvidos pela equipe Castelo Editora.
Cada página foi cuidadosamente construída para que você tenha prazer ao folhear.
Acreditamos que cultura e lazer devem andar juntos, portanto o objetivo primordial da equipe foi agregar conteúdo de uma maneira leve e descontraída. Mas, todo esforço só será válido se atingirmos a sua expectativa.
Agradecemos pela confiança de entregar um pedacinho do seu lazer em nossas mãos.

Criação e Elaboração
Studio Molotov

Dúvidas, Reclamações e Sugestões
molotovjogos@gmail.com

SUDOKU

4

O objetivo do jogo é completar os quadrados em branco com números de 1 a 9, lembrando que nunca deve-se repetir os números nas linhas e colunas.
A mesma regra vale para as grades menores que precisam ser completadas, sem repetição.

	3	1	2			9		
4						5	7	1
7		6				2		
5			6	2				
			8	3	1			
				5	7			8
	8				6		7	
2	6	7						5
	9				6	1	4	

			7					8
	7	5	4			9		
		9		1			4	6
	3	8			1			
9				6				5
			5			1	3	
	8	4				2		9
		6				4	8	1
7				1				

Diretas

Daniel (?), ator no filme "007 - Cassino Royale"	Vogais de caderno		Profeta bíblico / Nome, em francês		Deus supremo do mar (Mit. grega)		Abreviatura de senhor (pop.)
Fazemos gestos para chamar					Christian (?), ator no filme "Entrevista com o vampiro"		
Quarto, em inglês		Coleção de obras de arte					
Ivete Sangalo, cantora brasileira		Quarto com banheiro	(?) Corrêa, radialista				Referente à boca e ao nariz
Nivelado, aplainado			Base para corantes				
Gás incolor usado como anestésico e no amadurecimento de frutas	Arroubo, arrebatamento		Sílaba de tormento				
			Trabalho, lida				
Dar forma de anel							
						Consoante de ano	
						El. comp.: ar	
(?) Reeves, ator na série de filmes "Matrix"		Dama de companhia			Alcoólicos Anônimos (sigla)		
					Sua capital é Vitória (sigla)		
Qualquer veículo							
Vogais de sopa			Ilha de coral, que forma um círculo				

5

Diretas

- Etiqueta, em inglês
- Entristecer, afligir
- Dobra que se faz em tecido, em peça de vestuário (pl.)
- Que possui forma de animal
- Sublinhadas (as letras)
- Primeiro sumo-sacerdote de Israel (Bíbl.)
- Tiras de gaze
- Década: período de dez (?)
- Ramo seco
- Moeda, em inglês
- Giulia (?), atriz na novela "Ti Ti Ti"
- Morto por submersão
- Depois de, atrás
- Sílaba de surpresas
- 12, em romanos
- Espectro, fantasma
- Espécie de papagaio de papel (pl.)
- Raiz, em francês
- "(?) e Haroldo", tira de quadrinhos publicada em jornais
- Profeta que mais fala sobre a vinda do Messias (Bíbl.)
- Maria (?), atriz na série de TV "Aline"
- Direito (abrev.)
- As primeiras vogais
- Época notável
- Consoantes de papo
- Que pode ser adiado
- Proprietário de usina de açúcar
- Governar na qualidade de soberano

Diretas

Horizontais / Verticais (palavras-cruzadas)

- Barreira eletrificada que impede a passagem
- Filho, em inglês
- Estilo musical
- Pertencente ao osso rádio (Anat.)
- Selo de qualidade em empresas
- Fazer demorar, retardar
- Ralé, baixeza
- Doença inflamatória da pele
- Passado, em inglês
- Sofrimento físico
- Mudança em projeto de lei
- Ente, criatura
- Soberano de um reino
- Grosseiro, tosco
- Cruel, severa
- Marte, em inglês
- Dez dezenas
- (?) Santos, atriz na novela "Escrava Isaura"
- Jardim do (?): paraíso terrestre (Bíbl.)
- Personagem de cem olhos (Mit.)
- Feixe de fibras que une os músculos aos ossos (Anat.)
- Cheiro, aroma
- Time sem a letra "T"
- Vaso para ordenha
- Variação do pronome eu
- Malévolo, teimoso
- Deus, em inglês
- Apaziguar, sossegar

NUMERIX

Preencha o diagrama com os números da lista abaixo.

3 Dígitos	5 Dígitos	88973	7 Dígitos	9 Dígitos
195	14626	99201	2103816	393404725
837	17683		6864139	407387106
	20980	6 Dígitos	8302648	407526556
4 Dígitos	22556	446518	9020101	513185598
3417	28330	614780		587464599
4359	42728		8 Dígitos	627915150
5021	44859		34110653	635383965
5547	50674		54416608	721723524
6047	60365			
7047	78556			

Diretas

Definições (pistas)

- Condição daqueles que se salvam de grandes tragédias, como terremotos
- Prêmio do Cinema dos EUA
- Consoantes de "bota"
- Cerveja, em inglês
- Veste talar de padres
- Casa de assistência a idosos
- Orgulho excessivo
- Os ossos que formam a gaiola torácica
- Consoantes de "cabo"
- Sílaba de "vantagem"
- Reles, ordinário
- O bissexto tem 366 dias
- Denuncia, delata
- Marcos (?), repórter da TV Globo
- Qualquer período de tempo
- Pedido da platéia satisfeita
- Inflija castigo a
- Nó corredio facilmente desatável
- Parente homenageado em agosto
- A primeira vogal
- Ambiente singrado por navios
- De outro modo
- Labareda
- Enfermeira, em inglês
- Cabo (?), cidade fluminense
- Tipo de penteado comum na Bahia
- Organização das Nações Unidas
- Consoantes de "quina"
- Interjeição que pode ser de surpresa
- Consoantes de "nora"
- Andre Agassi, tenista
- Lugar de cruzamento de duas ruas
- Esposa, mulher

SUDOKU

O objetivo do jogo é completar os quadrados em branco com números de 1 a 9, lembrando que nunca deve-se repetir os números nas linhas e colunas.
A mesma regra vale para as grades menores que precisam ser completadas, sem repetição.

7				5				4
	1	8				5	2	
	2		4		8		1	
		7	8		4	1		
3								2
		1	9		7	6		
	7		5		6		8	
	6	3				4	7	
8				7				5

2			3		6			7
		6	8		2	1		
4								8
		7				3		
6	2						1	9
		1				8		
1								3
		8	9		4	5		
5			1		8			2

Diretas

Horizontais / Definições:

- Soco, sopapo (pop.)
- Substância que atua contra a acidez gástrica (Med.)
- Constelação austral perto do Escorpião (Astr.)
- Comovente (fem.)
- Amulatado, trigueiro
- Consoantes de rota
- Solta, larga
- Padrão, em inglês
- Inflamação dos tecidos de uma articulação (Med.)
- Dança popular nordestina
- Que produz bom resultado
- Análoga, perfeitamente igual
- Afligir, em inglês
- Substância usada na argamassa em construções
- Ordem oficial afixado em lugares públicos
- Abaixar, descer
- Magistrado administrativo na Roma antiga
- Peça do vestuário
- Gil (?), navegador português
- Cone, escrito ao contrário
- A parte do dente implantada na maxila
- Morcego, em inglês
- O notável, o batuta (pop.)
- Lêndea, em inglês
- Sulcar a terra
- Oficina de consertos
- Naquele lugar
- Antonio de Oliveira (?), político português

Diretas

- Língua de vários povos muçulmanos
- Tudo que ocupa e enche um vão
- Departamento de investigação policial dos EUA (sigla)
- Carla Diaz, atriz brasileira
- Tramoia em questões judiciais
- Pastel de massa cozida, empanado e frito
- Vogais de molenga
- Órgão que administra a questão agrária no Brasil (sigla)
- Pronunciou, falou
- Aquele que gagueja
- Termo que define o número superior da fração (Mat.)
- Equívoco, erro
- (?) penada: fantasma (pop.)
- Principal inimigo dos Smurfs (desenho animado)
- Tubo para drenagem
- Tranca de janela o porta
- (?) Tsé, filósofo e alquimista chinês
- Responsável pela síntese de proteínas da célula (sigla)
- Alvo como a neve
- País localizado ao sul do Brasil
- União Soviética (sigla)
- Símbolo do Gálio (Quím.)
- Letra com o formato da ferradura
- Prefixo de dissimular
- Constelação austral perto do Escorpião (Astr.)
- Aparelho que substituiu o videocassete
- Beneficiei instituição de caridade
- Observação (abrev.)
- Antônimo de lisos

Diretas

- A ciência de Copérnico
- Disposto em série
- Movimento giratório
- Pingo
- Elevação moral (fig.)
- Proprietária
- Instrumento óptico
- Rio que banha a Suíça
- Turvamento da razão, loucura
- Neurotransmissor
- Cidades destruídas pela ira divina (bíbl.)
- Duração de uma rotação terrestre
- A pouca distância
- Via (?), estrada da antiga Roma
- Deus da medicina (mitol.)
- Metro (símb.)
- Ver, em inglês
- Trajetória que um astro realiza em torno de outro
- Pôr abaixo, derrubar
- Grama (símb.)
- Carbono (quím.)
- Consoante de lei
- Ânsia, entusiasmo
- Título canônico de Anchieta
- (?) Malfitano, ator
- Colocar
- Variedade de periquito
- Rua (abrev.)

13

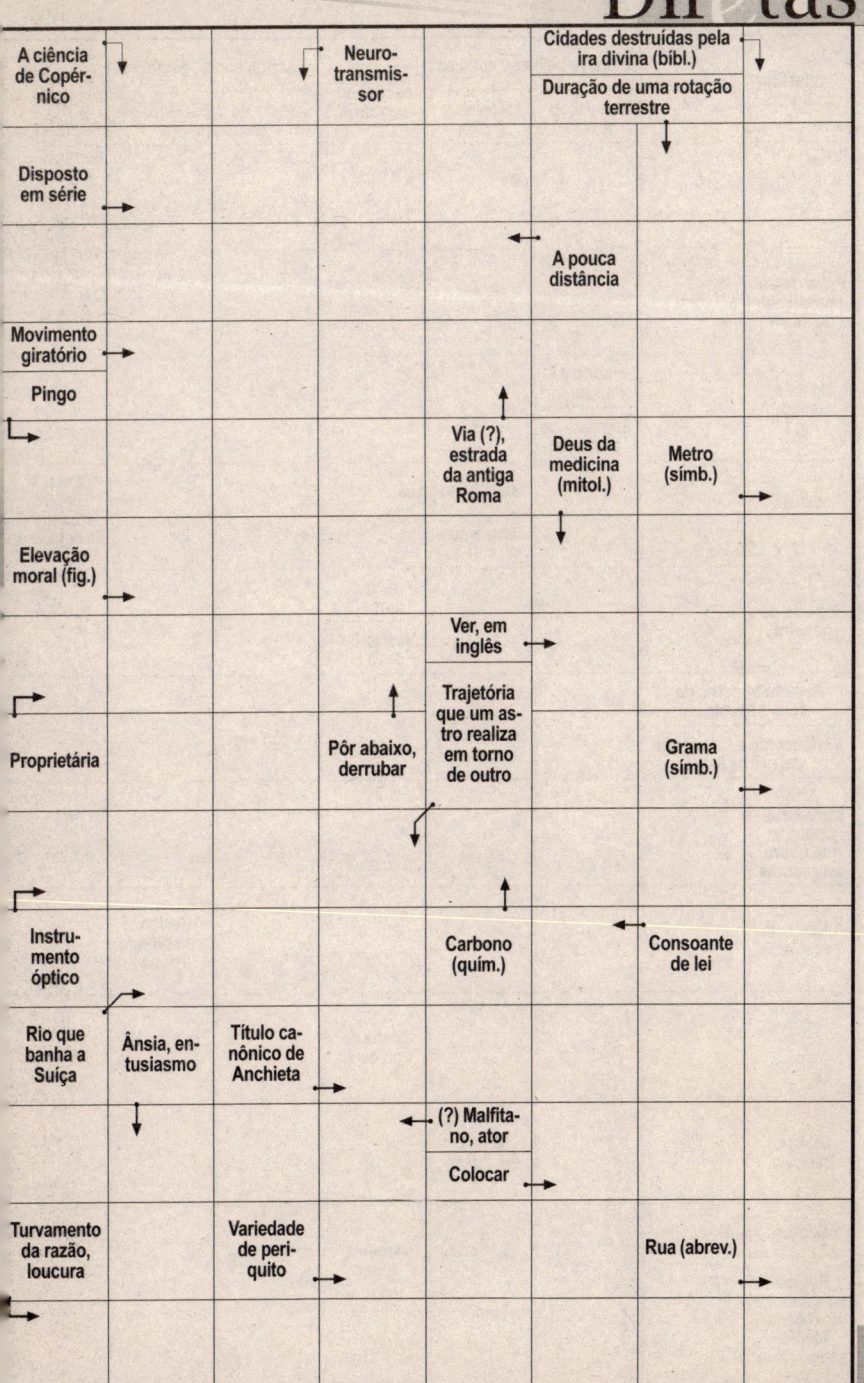

Diretas

Horizontais (definições)

- Comissária de bordo
- Remove pelos ou cabelos
- Saudação popular
- Reside, habita
- Acaso, escrito ao contrário
- Escória social, gentalha
- Cálculo de capacidade de um recipiente
- Ponto mais meridional da Terra
- Ligação, união (fig.)
- Habitante da Arábia
- Empresa de telefonia
- Mau cheiro
- Companheira, colega
- Santa (?), centro comercial da cidade de São Paulo
- Espécie de peneira
- Atuei, procedi
- Nome da letra H
- Ave muito parecida com o avestruz
- Pertencente a cabras ou carneiros (pl.)
- Atirar o arpão em
- Arte tradicional japonesa que utiliza dobraduras
- Andar sem destino
- Feitiço, mau-olhado (pop.)
- Sílaba de plebeu
- Labuta, trabalho
- Moeda, em inglês
- Faz prece
- Naquele lugar
- Região montanhosa do Oriente Médio, antigo reino de Israel (Bíbl.)

Diretas

Tecido de seda, de fios lustrosos ↓		(?) Gaiman, romancista e autor de quadrinhos inglês ↓			Jardim zoológico (abrev.) ↓		Pequenas escamas que se criam na pele da cabeça ↓
		Aluada, maníaca ↓	Qualquer objeto, coisa ↓				
Tratamento dado antigamente aos reis →							(?) aegypti, o mosquito da dengue ↓
Cheia de ira, enraivecida →							
→							
(?) Cruz, atriz no filme "Vicky Cristina Barcelona"				Gato, em inglês ←	Natural da Acádia (Nova Escócia)		
				Conhecimento elementar ↓			
→						Mostrar com o dedo ↓	
Mulher muito bonita (gír.)	Indígena pele-vermelha que habita os EUA		Moradias de indígenas →				
			Esfera, globo				
Paçoca, escrito ao contrário →	↓		↓				Plano inclinado, ladeira
							↓
→							
Peça de mobília da sala de jantar, espécie de bufete		Gorro chato, tipo de boné →					
		Radiano (abrev.) ↓					
				Atmosfera (símbolo) →			
→							
Sua capital é Rio Branco				Pano, escrito ao contrário →			
Estabelecimento que se dedica à edição de livros →							

15

NUMERIX

Preencha o diagrama com os números da lista abaixo.

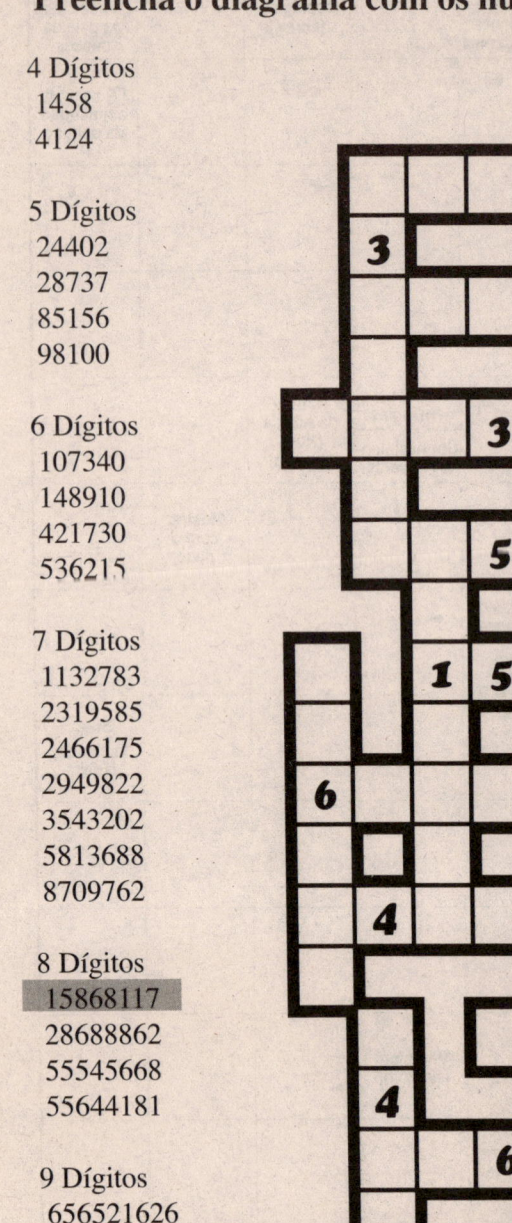

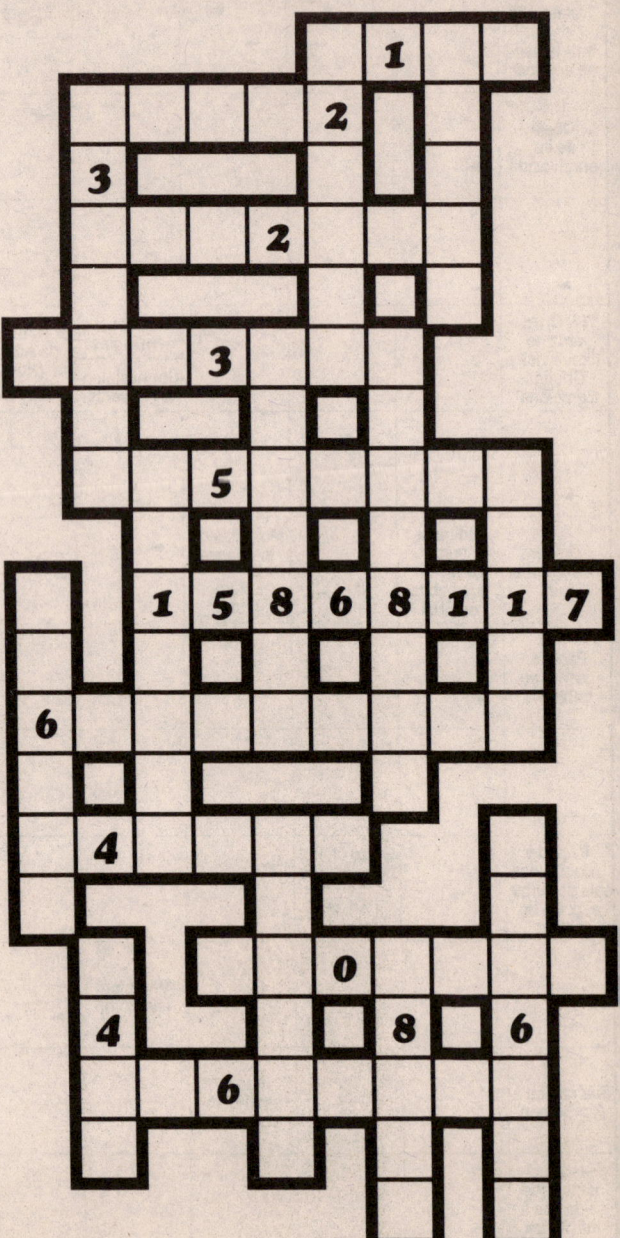

4 Dígitos
1458
4124

5 Dígitos
24402
28737
85156
98100

6 Dígitos
107340
148910
421730
536215

7 Dígitos
1132783
2319585
2466175
2949822
3543202
5813688
8709762

8 Dígitos
15868117
28688862
55545668
55644181

9 Dígitos
656521626

Diretas

A crossword puzzle (palavras cruzadas) with the following clues:

- Queimar ligeiramente, torrar
- Assim, em espanhol
- Organiza, manda
- Diabo doméstico, duende travesso
- Nefasta, que exprime maldade
- (?) Lee, cantora brasileira
- Perder o crédito, a reputação
- Infectada, contaminada
- Achar graça
- Gelo, em inglês
- Bacia para lavar louças
- Espécie de cortina
- Hábil, capaz (pl.)
- Confusão, tumulto
- Recusa, impede
- Pôr solas em (calçado)
- Sílaba de sargento
- Coloração, pigmentação
- Elogio, louvor
- Guilherme (?), ator na novela "O Clone"
- Mastiga e engole alimentos
- Tranquilidade pública
- O rei dos deuses (Mit. grega)
- Sólido, em inglês
- Mulher de rajá
- Tecla para gravar em aparelhos de vídeo
- Ala hospitalar para tratamento intensivo (sigla)
- Automóvel (abrev.)
- Rato, em inglês
- Dar a entender
- Doa, presenteia

17

Diretas

Loja que vende automóveis		Acha graça	Museu de Arte de São Paulo	Lagarto criado como animal de estimação	Significado do "G" na sigla GNV	Fluido gasoso que compõe a atmosfera	(?) Sato, apresentadora e ex-BBB
Insetos atraídos por doces							
Grandes cataratas na região centro-oriental da América do Norte		Sistema Único de Saúde (sigla)				Dígrafo de erro	
					Associação de Pais e Amigos dos Excepcionais (sigla)		
Como vive o eremita			Norte (coord.)		Nesse lugar		
					Tancredo Neves, político		
Limpa (o nariz) de mucosidade		Ecoa, retumba		Irmã do pai			
		Refletir, raciocinar		Rondônia (sigla)			
Trabalhar como o cirurgião							Alternativa ao uso do zíper na roupa
					Voz do pintinho		
Erva que aromatiza licores				7 em algarismos romanos			
Artista como Arthur Moreira Lima			Órgão em que ocorre a gestação		Produzir exasperação em		
					Stepan Nercessian, ator		
(?) Cruz, sambista carioca							

Diretas

Definições (pistas do cruzadinho)

- Cão, em inglês
- Homem que se prepara para professar em um convento
- Sua capital é Curitiba
- Planta ornamental, cujas flores se voltam para o sol
- Doce com bolachas em camadas
- (?) Gonzaga, ator
- Timidez, pudor
- Voz que imita golpe rápido (interj.)
- Perdurarei, existirei
- Agente de polícia (gír.)
- O ácido ribonucleico (sigla)
- Jagunço, guarda-costas
- Provedor de internet
- Ente, criatura
- Poste, em inglês
- Período de 12 meses que passou
- Ilustre, célebre
- Falha, erro em uma decisão
- País da Ásia que faz fronteira com Israel
- Fábrica de tijolos
- Que custa um preço alto
- Tipo sanguíneo
- Empresa brasileira de correios e telégrafos (sigla)
- Raça de gado indiano
- Presentear, doar
- Rego entre as nádegas de certos animais
- Deitar, encostar
- Muito aparado, curto

Diretas

Fiquei, permaneci / Períodos, fases	Grande tronco de madeira cortada (pl.)	O homem de (?): Superman (HQ)	Determinar a quantidade de medicamento para tomar / Morte de órgão por perda de suprimento sanguíneo		Composição poética, formada por quatorze versos (pl.)
Buraco onde se abrigam coelhos			Sociedade onde o papel de liderança e poder é da mulher		
Sucesso do cinema com Robert Downey Jr.					
Tipo de hotel usado para relaxamento ou recreação		Embarcadouro (trem) / Os ovos de um peixe			
				Artesanato tradicional em Ibitinga, São Paulo	
Armário embutido anexo ao dormitório (ingl.) / Caixa óssea que encerra e protege o encéfalo (pl.)	Deitar o (?): fazer discurso / A capital de Dominica, um estado das Caraíbas				
		Rio da Suíça, afluente do rio Reno			Camareiros, escudeiros
Ligação, união (fig.)			República democrática alemã (sigla)		
Sufixo de pegajosa / Urso, em inglês		Fruto apreciado pelos esportistas			
			Leite recentemente mungido		
Sepulturas, jazigos					

SUDOKU

O objetivo do jogo é completar os quadrados em branco com números de 1 a 9, lembrando que nunca deve-se repetir os números nas linhas e colunas.
A mesma regra vale para as grades menores que precisam ser completadas, sem repetição.

	5	2				1		
6			5			7		
8			9				5	4
	2	6	3	1				
			4		9			
				2	5	9	6	
2	6				8			1
		1			4			6
		7				2	9	

2		1	6	5		8		
				7			9	6
6					2			
7					6			
4	1					5	8	
		6					2	
			4					1
5	7			1				
	8			6	3	4		9

Diretas

- Indivíduo que representa ficticiamente aqueles que não querem aparecer (pop.)
- Concluir, executar
- Que não tem cor
- Post-scriptum (abrev.)
- Horace (?), romancista
- Líquido colorido
- Pessoa que pratica o ativismo
- Seno, em inglês
- Muito baixas
- Fiscaliza as atividades do setor petrolífero (sigla)
- Muita gorda
- Atrativo que se põe no anzol para pescar
- A maior cidade do Canadá
- Deus falso
- Não aceitei
- Sensação penosa (pl.)
- Entes, criaturas
- Rugir, gritar
- Parte móvel do sistema de embreagem (Autom.)
- Habitante da Itália
- Ave apreciada no período do Natal
- Herson (?), ator
- Chuva, em inglês
- Latitude (abrev.)
- Gás natural veicular
- Esfarrapada, despedaçada
- Próprio do Oriente
- Que come de tudo

Diretas

Horizontais / Definições

- Grande veia subcutânea da perna (Anat.)
- Paçoca, escrito ao contrário
- Exprime alívio (interj.)
- Ir para dentro de
- Marcello Novaes, ator brasileiro
- Ave marinha mergulhadora
- Que causa impacto, destruidora
- Mulheres que exercem o secretariado
- Lata, em inglês
- Consoantes de laser
- Nome da sexta letra
- Filme com Al Pacino, dirigido por Brian de Palma
- Fazer tecido com fios
- Acrescentar, colocar junto
- Associação de pais e amigos dos excepcionais (sigla)
- Vasilha grande para conter vinho
- Chá, em inglês
- Caricaturista das mulatas
- Ser contrário, objetar
- Medito, reflito
- Pixie (?), cantora e compositora britânica
- Coronel (abrev.)
- A terra prometida
- Leão, em espanhol
- Indivíduo muito estudioso (gír.)
- Bairro de entretenimento no centro do West End de Londres
- Infusão de ervas
- Sílaba de centenas
- A mais conhecida obra do pintor Leonardo Da Vinci
- Feixe, molho
- Ao (?) livre: em espaço aberto

SUDOKU

O objetivo do jogo é completar os quadrados em branco com números de 1 a 9, lembrando que nunca deve-se repetir os números nas linhas e colunas.
A mesma regra vale para as grades menores que precisam ser completadas, sem repetição.

6	2		7		1		5	3
1	5						8	2
		7		6				
7			5	9				4
9			1	3				7
		4		1				
2	9					4	5	
3	1		2	6		7	8	

4			8		5			7
	9		1		3		6	
				4				
2								1
	3	7				9	5	
8								6
				7				
	8		6		9		3	
3				2	1			9

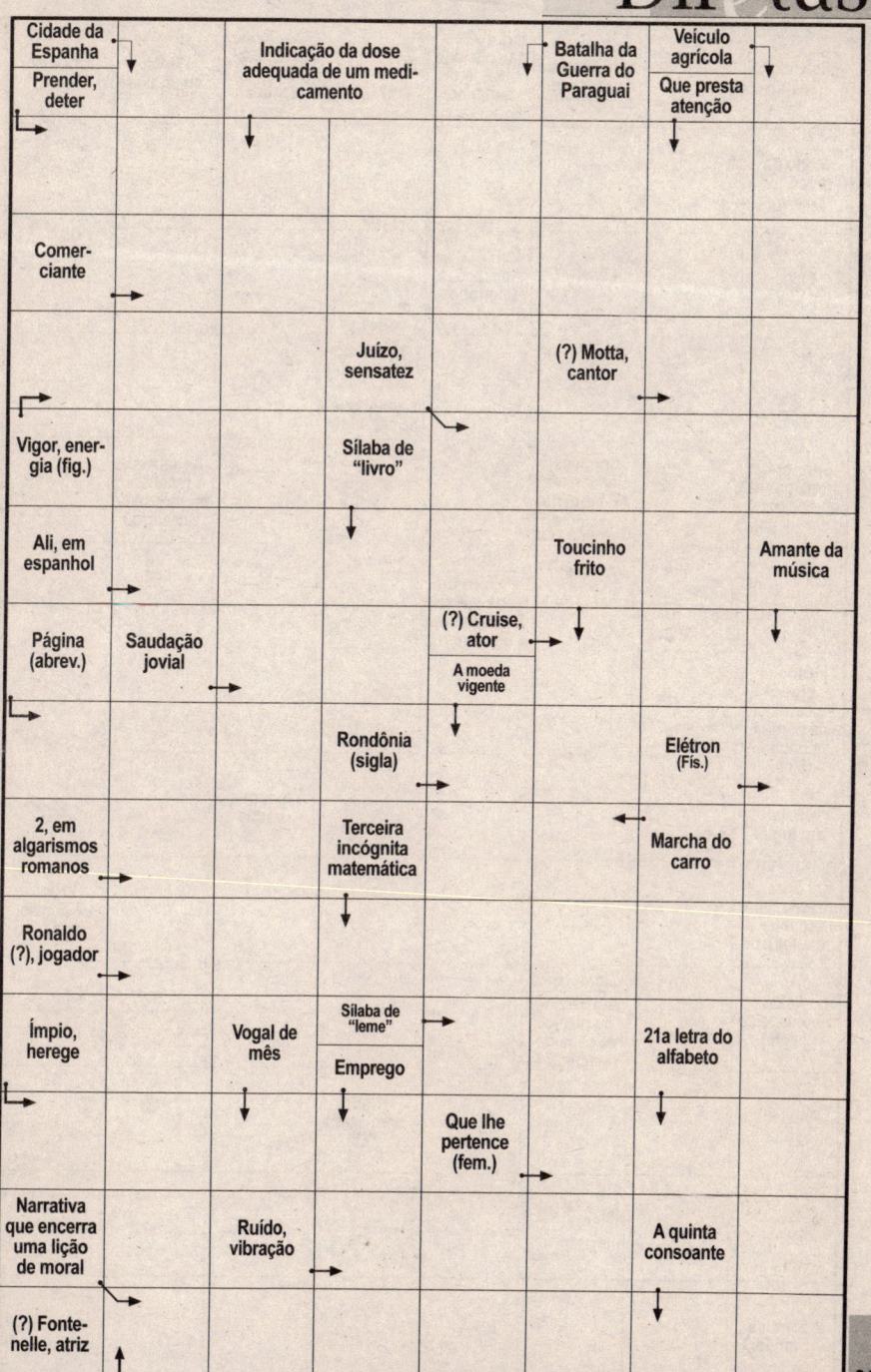

Diretas

- Salvador (Geogr.)
- Modo de proceder, postura
- Lista, em inglês
- Serviço de atendimento ao consumidor (sigla)
- Mancha branca cicatricial na córnea, albugem (Med.)
- Costas, em inglês
- Erva usada para espantar o mau-olhado
- Ácido ribonucleico (sigla)
- Prestação anual
- Acorrentar, prender

- Marcelo (?), apresentador do programa "CQC"
- Comissão Parlamentar de Inquérito
- Comer a ceia
- Cimo, cume
- Aguardente do melaço de cana-de-açúcar

- Cidade paulista dos objetos de tamanho exagerado
- Aplicações, empregos
- Enfurecer
- País da Europa que faz fronteira com a Bielorrússia

- Et cetera (abrev.)
- Caminhonete, em inglês
- Nado sem a letra "O"

- Que tende a fazer a mesma coisa repetidas vezes
- Aquela que recebeu promessa de castigo
- A moeda do Iraque

- Ponto, em inglês

- Amparar, suster
- (?) Jofre, ex-pugilista brasileiro

26

Diretas

Instrumento de orientação dos sistemas de navegação		Porco, em inglês	Dar unidade e coesão, reunir	Satanás, anjo rebelde	Consentimento, licença		Brinquedo com discos unidos no qual se enrola um cordel
Instituição hierárquica tradicionalista da Igreja Católica							
Proprietário de usina de açúcar				Amigo, em francês			
				Mulheres muito baixas			
Atuei, exerci atividade		(?) Assunção, ator brasileiro					
Gado (?): carneiros e cabras (pl.)							
Acaso, escrito ao contrário							O Judeu Errante (Rel.)
				Descorado, amarelado (pessoa)			
05, em algarismos romanos		Sinais que distinguem uma citação (Gram.)					
		Exclusivo					
O código da moeda da União Europeia				(?) poucos: devagar			
				Cobalto (símbolo)			
Febre (?): doença infectocontagiosa causada pela bactéria Salmonella typhi			A quarta nota musical			Papai, em inglês	
Vazia, sem miolo							
Selo de qualidade				Fazer doação			
			Forma, método				

Diretas

Coisa material, peça	Vigésima terceira letra do alfabeto grego		"Miss (?)", musical baseado na ópera Madame Butterfly		(?) Grimaldi, atriz brasileira	Árvore símbolo do Brasil (pl.)	Período relativo a eleições
						Tostado, seco demais	
Tem, desfruta				Caneta, em inglês			
(?) Seidl, atriz brasileira				Casa de habitação			
Perda causada pelo atrito		São e salvo					
		Estará, existirá					
Texto exato de um documento					Cosmético para os lábios		
				Sílaba de brecar			
				Produto para fixar cabelos			
Milho, em inglês	Uma das quatro estações do ano		Empregado da limpeza pública				
Bem, escrito ao contrário		(?) gâteau, sobremesa com recheio cremoso					
			(?) Murray, ator				
			Louco, em espanhol				
Braço de rio				Ainda, também			
De grande estatura				Oceano			
O esporte praticado pelo Giba					Saudação popular		

28

Respostas

04

8	3	1	2	7	5	4	9	6
4	2	9	3	6	8	5	7	1
7	5	6	9	1	4	8	2	3
5	7	8	6	2	9	3	1	4
6	4	2	8	3	1	7	5	9
9	1	3	4	5	7	2	6	8
1	8	4	5	9	2	6	3	7
2	6	7	1	4	3	9	8	5
3	9	5	7	8	6	1	4	2

4	1	2	9	7	6	3	5	8
6	7	5	4	3	8	9	2	1
8	9	3	1	2	5	4	6	7
5	3	8	2	4	1	6	7	9
9	4	1	3	6	7	2	8	5
2	6	7	5	8	9	1	3	4
1	8	4	6	5	2	7	9	3
3	5	6	7	9	4	8	1	2
7	2	9	8	1	3	5	4	6

05

		A		S		P		
A	C	E	N	A	M	O	S	
	R	O	O	M			S	E
	A		M	U	S	E	U	
	I	S		E	L	I		
I	G	U	A	L	A	D	O	
		I	N		T	O	R	
	E	T	I	L	E	N	O	
A	N	E	L	A	R		N	
	L		I	B		A	A	
K	E	A	N	U		E	S	
	V	I	A	T	U	R	A	
	O	A		A	T	O	L	

06

	M			P		Z
T	A	G		A	R	A	O
	G	R	A	V	E	T	O
C	O	I	N		G	A	M
	A	F	O	G	A	D	O
T	R	A	S		S	U	R
		D		X		R	F
A	P	A	R	I	C	A	O
	I	S	A	I	A	S	
P	P		C		L		F
	A	D	I	A	V	E	L
U	S	I	N	E	I	R	O
		R	E	I	N	A	R

07

	C			P			
	E	S	C	O	R	I	A
	R	O		P	A	S	T
A	C	N	E		D	O	R
	A		R	E	I		A
S	E	R		M	A	R	S
	L	U	C	E	L	I	A
	E	D	E	N		G	R
	T	E	N	D	A	O	
	R		T	A	R	R	O
	I	M	E		G	O	D
A	C	I	N	T	O	S	O
	A	M	A	N	S	A	R

Respostas

08

5	0	2	1		3	4	1	7		5	0	6	7	4
1		8		6		0		8		4		2		4
3	9	3	4	0	4	7	2	5		4	2	7	2	8
1		3		3		3		5		1		9		5
8	3	0	2	6	4	8		6	8	6	4	1	3	9
5				5		7				6		5		
5	5	4	7		6	1	4	7	8	0		1	9	5
9		0		3		0		2		8		5		8
8	3	7		4	4	6	5	1	8		7	0	4	7
		5		1				7		2				4
9	0	2	0	1	0	1		2	1	0	3	8	1	6
9		6		0		4		3		9		8		4
2	2	5	5	6		6	3	5	3	8	3	9	6	5
0		5		5		2		2		0		7		9
1	7	6	8	3		6	0	4	7		4	3	5	9

09

			B			
	S	O	B	E	R	B	A
C	O	S	T	E	L	A	S
	B	C		R		T	I
T	R	A	I		V	I	L
	E	R	A		A	N	O
	V		P	U	N	A	
B	I	S		C			L
	V		C	H	A	M	A
S	E	N	A	O		A	C
O	N	U		A	F	R	O
	T	R			R		
	E	S	Q	U	I	N	A
	S	E	N	H	O	R	A

10

7	3	6	1	5	2	8	9	4
4	1	8	7	9	3	5	2	6
9	2	5	4	6	8	3	1	7
6	5	7	8	2	4	1	3	9
3	8	9	6	1	5	7	4	2
2	4	1	9	3	7	6	5	8
1	7	2	5	4	6	9	8	3
5	6	3	2	8	9	4	7	1
8	9	4	3	7	1	2	6	5

2	8	5	3	1	6	4	9	7
7	9	6	8	4	2	1	3	5
4	1	3	7	5	9	2	6	8
8	5	7	4	9	1	3	2	6
6	2	4	5	8	3	7	1	9
9	3	1	2	6	7	8	5	4
1	4	2	6	7	5	9	8	3
3	6	8	9	2	4	5	7	1
5	7	9	1	3	8	6	4	2

11

			A		B		
S	T	A	N	D	A	R	D
	A	R	T	R	I	T	E
	B	A	I	A	O		I
	E		A	M		A	X
E	F	I	C	A	C	I	A
	E	D	I	T	A	L	
		E	D	I	L		A
	E	N	O	C		C	R
B	A	T		A	R	A	R
	N	I	T		A	L	I
M	E	C	A	N	I	C	A
	S	A	L	A	Z	A	R

Respostas

12

	A		C	R	
	R	E	C	H	E	I	O
	A		D	I	S	S	E
F	B	I		C		S	A
	E	N	G	A	N	O	
		C	A	N	U	L	A
G	A	R	G	A	M	E	L
	L	A	O		E		M
	D			R	N	A
U	R	U	G	U	A	I	
	A	R	A		D	V	D
O	B	S		D	O	E	I
	A	S	P	E	R	O	S

13

	A	S		A			S
	S	E	R	I	A	D	O
O	T	R	E	P		I	D
	R	O	T	A	C	A	O
G	O	T	A				M
	N	O	B	R	E	Z	A
D	O	N	A		S	E	E
	M	I		C			G
B	I	N	O	C	U	L	O
	A	A	R		L		M
			B	E	A	T	O
N	A	R	I		P	O	R
	F		T	U	I		R
P	A	R	A	N	O	I	A

14

	D				R
A	E	R	O	M	O	C	A
	P	O	L	O	S	U	L
	I		A	R	A	B	E
E	L	O		A	C	A	
	A	P	A		A	G	I
		E	M	A		E	F
	O	R	I	G	A	M	I
	V	A	G	A	R		G
L	I	D	A		P	L	E
	N	O		C	O	I	N
	O	R	A		A	L	I
	S	A	M	A	R	I	A

15

T		N		C		
A	L	T	E	Z	A	
F	U	R	I	O	S	A
P	E	N	E	L	O	P	E
T	A	C			A	D
G	A	T	O	N	A		E
	I		O	C	A	S
A	C	O	C	A	P	
A	P	A	R	A	D	O	R
A		B	O	I	N	A
A	C	R	E		A	T	M
H	A		O	N	A	P
E	D	I	T	O	R	A

Respostas

16

17

	A	M			
T	O	S	T	A	R	D
	R	I	R		I	C	E
	D		A	P	T	O	S
P	E	R	S	I	A	N	A
	N	E	G	A		T	C
G	A	B	O		S	A	R
		U		C	O	M	E
	K		S	O	L	I	D
P	A	Z		R	A	N	I
	R	E	C		R	A	T
	A	U	T	O		D	A
I	N	S	I	N	U	A	R

18

	C				
F	O	R	M	I	G	A	S
	N	I	A	G	A	R	A
	C		S	U	S		B
	E	A	P	A		R	R
	S	O		N		A	I
A	S	S	O	A		T	N
	I		R		T	I	A
	O	P	E	R	A	R	
A	N	E	T	O		R	B
	A	N	U		P	I	O
	R	S		V			T
P	I	A	N	I	S	T	A
		A	R	L	I	N	D	O

19

	N			P		R
D	O	G		P	A	V	E
	V	I	V	E	R	E	I
T	I	R	A		A	R	N
	C	A	P	A	N	G	A
P	O	S	T		A	O	L
		S		S		N	D
A		N	O	V	E	L	H	O
	O	L	A	R	I	A	
A	B		C		B		C
	R	E	I	G	A	D	A
R	E	C	L	I	N	A	R
	T	O	R	O	R	O	

Respostas

20

	E				D			
E	S	T	A	G	I	O	S	
	T	O	C	A		S	O	
	I	R	O	N	M	A	N	
	V	A		G	A	R	E	
R	E	S	O	R	T		T	
			V	E	R	B	O	
	C	R	A	N	I	O	S	
E	L	O		A	A	R		
	O	S	A		R	D	A	
	S	E		A	C	A	I	
B	E	A	R		A	D	O	
	T	U	M	U	L	O	S	

21

7	5	2	6	4	3	1	8	9
6	4	9	5	8	1	7	2	3
8	1	3	9	7	2	6	5	4
9	2	6	3	1	7	5	4	8
5	7	8	4	6	9	3	1	2
1	3	4	8	2	5	9	6	7
2	6	5	7	9	8	4	3	1
3	9	1	2	5	4	8	7	6
4	8	7	1	3	6	2	9	5

2	9	1	6	5	4	3	8	7
8	4	5	3	7	1	2	9	6
6	3	7	8	9	2	1	4	5
7	2	8	9	3	5	6	1	4
4	1	3	7	2	6	9	5	8
9	5	6	1	4	8	7	3	2
3	6	9	4	8	7	5	2	1
5	7	4	2	1	9	8	6	3
1	8	2	5	6	3	4	7	9

22

		A		P		W	
A	T	I	V	I	S	T	A
	E	N	I	S		I	L
I	S	C	A		A	N	P
	T	O	R	O	N	T	O
	A	L		B	A	A	L
	D	O	R	E	S		E
S	E	R	E	S		B	
	F		C	A	P	R	I
P	E	R	U		L	A	T
	R	A	S	G	A	D	A
O	R	I	E	N	T	A	L
	O	N	I	V	O	R	O

23

		U		M				
S	A	F	E	N	A			A
	C	A	N		L	S		R
	O		T	E	C	E		R
S	C	A	R	F	A	C	E	
	A	P	A	E		R		B
O	P	O	R		T	E		A
	R		L	O	T			T
	P		C	A	N	A	A	
C	E	L		N	E	R	D	
N	E	C		L	I	O		
	S	O	H	O		A	R	
M	O	N	A	L	I	S	A	

Respostas

24

6	2	9	7	8	1	4	5	3
1	5	3	6	9	4	7	8	2
4	8	7	3	5	2	6	9	1
7	3	2	5	6	9	8	1	4
5	6	1	4	7	8	2	3	9
9	4	8	1	2	3	5	6	7
8	7	4	9	3	5	1	2	6
2	9	6	8	1	7	3	4	5
3	1	5	2	4	6	9	7	8

4	6	3	8	9	5	2	1	7
7	9	8	1	2	3	5	6	4
5	1	2	7	4	6	8	9	3
2	4	9	5	6	8	3	7	1
6	3	7	4	1	2	9	5	8
8	5	1	9	3	7	4	2	6
9	2	6	3	7	4	1	8	5
1	8	4	6	5	9	7	3	2
3	7	5	2	8	1	6	4	9

25

```
   M     T           A
 C A P T U R A R A
   L O J I S T A
 G A S   U     E D
   G O   T I N O
   A   L I   T
       O I   T O M
 P A G   R O   E
   I I   E R   L
   N A Z A R I O
   O     L   E M
 A T E U     S U A
   N     S O M   N
   A P O L O G O
```

26

```
    C       I
    A T I T U D E
    P A   U S O S
L I S T     E T C
    T   C P I   O
S A C   I R A R
    L E U C O M A
    B A C K   E R
    A R R U D A
    I   A P I C E
    A R N   N A D
A N U I D A D E
    A M A R R A R
```

27

```
R         P
O P U S D E I
U S I N E I R O
A G I   A M I
D   F A B I O
O V I N O S
O S A C A   S A
V   A S P A S
E U R   A O S
N N   C L   U
T I F O I D E
O C A   D A R
I S O   M O D O
```

28

```
      P   L
P O S S U I   A
    B I A   P E N
    J   I L E S O
D E S G A S T E
    T E O R   U L
C O R N   B R E
      A   G A R I
    V   P E T I T
M E B   L O C O
    R I A   M A R
    A L T O   D A
V O L E I B O L
```